湖南师大附中校本教材

丛书编委会

主 任：谢永红

副主任：樊希国　张胜利

编 委：谢永红　樊希国　张胜利　曾少华　黄月初　彭荣宏

　　　　陈迪勋　罗培基　刘邵来　汪训贤　陈胸怀　郭在时

　　　　左小青　姜小明　蔡任湘　黄雅芩　李新霞　厉行威

　　　　羊明亮　朱修龙　尹一兵　苏晓玲　彭知文　周泽宇

　　　　杨群英　唐海燕　刘丽珍　向　超　汤　彬　李鹏程

　　　　罗鹏飞　李淑平

健美操
入门与提高

主　编
谭　伟

参编人员
袁　媛　罗曼华　徐华华

摄　影
殷建波　刘军林　谢武龙

动作示范
朱紫琪　尹悦　彭兰斌
熊芸　蔡均适　周毅鹏　喻言

湖南大学出版社

内容简介

　　本书分别对健美操的入门与提高两大章节进行阐述。全面介绍了健美操的基本知识、健美操身体姿态与身体素质的训练、健美操的学练方法、健美操的创编方法,以及健美操考核评价等内容。在突出健美操的基本知识与基本技能的系统性、科学性和实用性的同时,汇集了健美操的学练方法和创编方法,并结合健美操的考核评价,使读者在学习的过程中循序渐进地提高健美操的水平。

图书在版编目（CIP）数据

健美操入门与提高/ 谭伟
——长沙：湖南大学出版社，2015.7
（湖南师大附中校本教材）
ISBN 978-7-5667-0228-1

Ⅰ.① 健…　Ⅱ.① 谭…　Ⅲ.① 健美操 —中学—教材
Ⅳ.① G634.961
中国版本图书馆CIP数据核字（2015）第071790号

健美操入门与提高
Jianmeicao Rumen yu Tigao

作　　者：谭　伟　主编
策划编辑：卢　宇
责任编辑：刘　旺
出版发行：湖南大学出版社　　　　　责任印制：陈　燕
社　　址：湖南·长沙·岳麓山　　　　邮　　编：410082
电　　话：0731-88822559(发行部),88821174(编辑室),88821006(出版部)
传　　真：0731-88649312(发行部),88822264(总编室)
电子邮箱：56181521@qq.com
网　　址：http://www.hnupress.com
印　　装：湖南雅嘉彩色印刷有限公司
开　　本：710×1000　16开　　　　印张：7　字数：134千
版　　次：2015年8月第1版　　　　印次：2015年8月第1次印刷
书　　号：ISBN 978-7-5667-0828-1/G·823
定　　价：36.00元

关于教育，有很多先贤哲人作出过这样或那样的解释。许慎在《说文解字》中解释说"教，上所施下所效也"，"育，养子使作善也"；孔子说"性相近，习相远"，提倡"有教无类"；孟子有著名的"君子三乐"，第"三乐"即"得天下英才而教育之"，其含义与当今 "教育"一词的含义已相近；董仲舒则认为"教化不立而万民不正"；韩愈极力提倡从师而学，教育是"传道，授业，解惑"；其后如朱熹、王守仁、黄宗羲、颜元、蔡元培、陶行知、鲁迅等，都在一定时代背景下对教育作出过种种界定。

教育是伴随时代变化而变化的，很难对其下一个恒久不变的定义，如果一定要冒险来清晰界定，窃以为，教育，一言以蔽之，即带有一定社会目的性的对人类的自我复制与人类的自我反叛的持续连贯的系列工作。可以说教育的本质是一种人类自我发展行为，其目的性决定了教育的其他属性与教育效果。湖南师大附中由民主革命先驱禹之谟始创惟一学堂发轫，迄今已历110载，教育目标由最初的"保种存国"，到20世纪80年代的"全面发展，基础扎实，学有特长，个性优良"，再到 "素质全面，个性彰显"，直到现今的"附中气质，未来强者"，无一不与时代相扣。

教育必关乎课程。湖南师大附中的课程改革始于20世纪80年代，从那时起就开发了系列的校本选修课程；21世纪以来，更拉开了全面进行高中课程改革的序幕；2012年，又揭开了现代教育实验学校建设的新篇章。为逐步完善现代课程体系，实现校本课程系统化、特色化、精品化，湖南师大附中遵循"以人为本、兼容并包"的教育理念，结合教育民主化进程，在贯彻落实国家课程的前提下，通过对在校学生的需求进行广泛调查和对已毕业校友的未来发展进行科学评估，充分利用和拓展课程资源，已陆续开发出多种可供学生选择的课程。

本次校本教材的编写原则和基本思路有四：

一是基于学校对学生成长的特别期许：学生具有附中气质和附中烙印，能"励志气、蓄才气、蕴大气"，将来成为"生活的强者、事业的强者、时代的强者"。

二是基于学生对自身发展的特别选择：课程开发的着眼点和着力点都集中于人主体性的体现和培育，以及对人的个体差异性的尊重，促进学生最大限度发展。

三是基于学校及周边课程资源的有效开发：我校位于湖湘文化中心、历史文化名城长沙市，坐落在橘子洲西、岳麓山下大学城内，有着丰富的课程资源。

四是基于学生的兴趣和实际需要：以学生的兴趣、爱好、特长为基点，着重引导和培养学生的情趣与爱好，发展学生的良好个性。培养和提高学生的综合素质的兴趣型课程占所开设校本课程的2/3以上。

理性办学、内涵发展一直是湖南师大附中的风格。慎选良师，精育名师，一代代附中人通过引进来、走出去，由里到外精心雕琢、反复打磨，方才成就今天的教师队伍。参与本次校本教材编写的人员，就是其中的佼佼者。他们工作之余，潜心思考，查询资料，撰稿编写。这些教材虽然不能说尽善尽美，但却凝聚了他们的心血和智慧。他们的这种使命感和奉献精神令人敬佩，在此我对他们的辛勤劳动和无私奉献表示衷心的感谢！

出版校本教材既是对教师工作的肯定，也是一种与兄弟学校共享课程探索成果的方式，更是一个接受教育专家及同仁批评指正的机会。湖南师大附中对校本教材的出版是慎重的，从2000年至今，全校教师开发的校本课程达300余门，但作为校本教材已出版发行的仅5本。本次出版的17本校本教材，是对湖南师大附中十几年来校本课程实践的提炼，同时也吹响了加快现代教育实验学校建设的号角。

校本课程最终是一种校园文化，文化是需要沉淀的，本次校本教材的出版绝非终点。我们相信，经过时间和实践的沉淀，更多更优的校本课程精品将呈现在我们面前。希望这些校本教材像千年流淌的湘江一样滋养三湘四水的莘莘学子，使之成为高素质、创新型、有担当的优秀人才。

谢永红

2015年3月18日

　　教育部颁布实施的《中小学体育与健康课程标准》已走过了十年的历程，在十年体育课程改革与实践中，有利于促进体育课程改革和发展的多种教学模式与教材应运而生。健美操作为新课程中的选修内容，在我校十多年的教学实践中越来越被更多的学生接受和喜爱。《健美操入门与提高》这本教材遵循坚持健康第一的指导思想，以提高学生运动技能，培养学生创新精神和实践能力，使学生通过体育与健康知识、技能的学习，达到促进身体健康，培养良好的身形姿态和节奏感，树立阳光自信的精神品质，促进学生身心全面发展为目的而编写的。本套教材体现了本次基础教育课程改革"三级课程管理"和"一纲多本"的精神。

　　2013年健美操被纳入湖南省高中体育与健康学业水平考查选修项目，为了更好地使该项目在我省高中学校顺利开展，我们特编写了《健美操入门与提高》。该教材是依据《普通高中体育与健康课程标准》实施模块教学而编写的高中健美操模块教学教材，教材涵盖了健美操的基础知识、基本技术动作、成套动作、创编方法以及考核与评价等，并配有视频（扫描封底二维码），适合普通高中喜爱该项运动的学生学习。该课程课时计划36学时，2个学分，适合高中学生作为选修项目学习，男女生均可选修，简单易学，操作性强，具有广泛的适用性。该课程在我校经过多年实践，深受高中学生特别是女生的喜爱，选课率在女生中高达95%。

　　本教材在实践中进行了一些新的尝试和探索，如制定了考核与评价标准，以作为学生进行互评或老师评价的依据。但在实际操作过程中还有待广大体育教师与学生进行检验，欢迎大家提出宝贵意见和建议，以便修改、提高。

本套教材在编写过程中得到了符润中、谢永红、黄月初、张胜利、周建社、潘洪飚、周立德、何旭鹏等领导与专家的指导，在此表示感谢！

编　者

2014年8月

目录

Part 2　提高篇 ·································· 53

Part 1

入门篇

1.

健美操的兴起与发展

　　传统健美操起源于两千多年前，当时古希腊人提出"体操锻炼身体，音乐陶冶精神"的主张，并利用跑、跳、投掷、柔软体操和健身舞蹈等各种体育项目进行人体美的锻炼。健美操源于人类对人体健与美的追求，是体操、音乐、舞蹈三者有机结合的产物。它融体操、音乐、舞蹈于一体，是通过徒手或使用健美器械，达到健身和健心目的的一种新兴体育项目。

　　20世纪60年代末至80年代初，健美操作为一项独立的体育项目在世界各国迅速发展，人们开始将健美操作为主要健身方式，在世界范围内形成了"健美操热"。2005年，在国际上健美操被统一命名为"Aerobics gymnast"。

　　健美操是时代的产物，也是人们在锻炼过程中智慧的结晶。在长期的练习中，人们经过反复实践、总结，使健美操呈现出鲜明的自身特点，使之正沿着健身和竞技的方向迅速发展，并以其独特的魅力吸引着越来越多的人参与这项运动。健美操作为一项具有极高健身健美价值的运动，必然会随着人们物质生活水平的不断提高而在世界各地更加广泛地开展起来，为人类的健美事业做出贡献。

2.

健美操及其特点

　　健美操是时代发展的产物，它是在音乐伴奏下，以身体练习为基本手段，以有氧运动为基础，以健、力、美为特征，融体操、音乐、舞蹈为一体，以达到增进健康、塑造形体、愉悦身心的一项体育运动。

　　与其他体育锻炼方式相比较，健美操具有以下特点：

（1）健身美体的实效性

　　健美操是以人体解剖学、人体生理学、体育美学、体育心理学等多学科理论为基础，以健身美体为目的而创立的健身运动。与其他体育项目相比，健美操动作讲究健美大方，强调力度和弹性，练习者不停顿地连续走、跑、跳，从而消耗过剩的脂肪，以增强肌肉力量，提高身体的协调性及灵敏性，表现健美的体姿。

（2）强烈的时代感和律动性

　　健美操把基本体操、现代舞蹈和有节奏的音乐巧妙地融为一体，是具有鲜明特色和强烈时代感的新型体育项目。其动作素材多为富有时代感的现代舞蹈、时尚体操；其音乐多取材于爵士、摇滚等现代音乐。

（3）高度的艺术性

　　健美操是一项追求健与美的运动项目，属健美体育范畴，强调艺术性。参加健美操锻炼，练习者不仅能锻炼身体，增强体质，而且能从中得到美的享受，提高审美意识和艺术修养。

（4）广泛的适用性

　　健美操能够健身美体，符合现代人追求健美身心的需要。在激昂振奋的音乐声中，舒活筋骨，自娱自乐，能给人们带来欢快奔放的情感体验。而且健身健美操的动作套路形式多样，负荷强度可选择性强，对场地要求不高，适合不同行业、不同年龄的人群锻炼，具有广泛的适用性。

3.

健美操的作用

（1）塑造良好的姿态和健美的体型

通过健美操锻炼，可使学生形成正确的身体姿态，使动作更加优美，体态更加矫健，肌肉更富有弹性，从而促进学生身体向匀称、和谐、健美的方向发展。在健美操的运动过程中，要求整个身体保持一种端庄、挺拔的标准姿态，同时要求练习者精神饱满愉快，动作协调优美，可将外形美与内在美融为一体，体现出一个人高雅的气质与风度。

（2）培养学生的节奏感和动作协调性

健美操不同于其他的体育项目，它对节奏感和动作的协调性的要求比较高。健美操的音乐节奏与其他音乐节奏有明显区别，音乐控制着健美操动作的节奏和速度，也控制着运动负荷，训练者必须具备较好的节奏感才能很好地将音乐与动作相结合，因此健美操的学习过程也是节奏感的培养过程。

成套的健美操动作包括手臂动作和步伐动作两大类，其变化方式多样，常通过变换动作的方位、空间、幅度，以及改变动作节奏、频率和路线等方式，以实现更加复杂、新颖和多样性的变化。在动作不断变化的过程中，身体的协调性也在不断提高，从而进一步满足学习健美操动作的需要。

（3）提高自信心和表现力

健美操是具有艺术性的项目，长期从事该项目运动，可以培养训练者从形态美到心灵美的审美情趣，使之保持身心健康和旺盛的精力，从而对工作、学习充满热情，具有高度的责任感和成就感，以及由内而外的自信心。通过健美操的练习，高中学生可提升自我形态满意度，从而充满自信，更敢于在他人面前展示自我。

（4）发展学生创新能力

在健美的学习与训练中，创新尤为重要。它不但要求相关人员在健美操动作设计方面要有所创新，还鼓励在健美操风格、音乐等方面进行大胆探索，因此，学生学习健美操的过程也是思维创新的过程。在健美操的学习和练习中要求学生不断地去思考，去丰富想象力，发展创造力，去挖掘与表现人体的动作美、姿态美、造型美等。

（5）为终身体育锻炼奠定良好的基础

健身健美操持续时间长（特别是有氧系列健身操长达1小时），要求学生具有克服疲劳和困难的意志力，并具备锻炼的自觉性、自制性及坚持性。健美操锻炼的强度和难度适中，正确的锻炼方法对人的身体有很好的促进作用，是适合所有人且能长期进行的一种运动，从而为终身体育锻炼奠定良好的基础。

课外练习与思考

健美操对学生的身体素质有哪些促进作用？

健美操的基本动作主要包括上肢基本动作、基本步伐和身体姿态。上肢基本动作包括手型和手臂基本动作；基本步伐分为大众基本步伐和竞技基本步伐。本书健美操的编排介于竞技健美操和大众健美操之间，这一类健身健美操对基本步伐练习的要求较高。以下对手臂和步伐的基本动作进行简要介绍。

1.

健美操的基本手臂动作

手臂动作训练是健美操训练的重要组成部分，它与健美操的基本步伐组合，共同构成了丰富多彩的健美操动作。

（1）摆动

动作描述：两手握拳，屈肘后前后摆动。

技术要点：屈肘角度不宜过小或过大，大约60°为宜。向前摆动手臂时，肘关节不超过躯干前面；向后摆臂时，手不超过躯干。

动作变化：可同时摆动，也可一次摆动。

（2）举

动作描述：以肩关节为轴，臂伸直向某方向抬起。臂的活动范围不超过180°并停止在某一位置。

动作变化：前举（图1-1-1）、前上举（图1-1-2）、上举（图1-1-3）、侧上举（图1-1-4）、侧平举（图1-1-5）、侧下举（图1-1-6）、下举（图1-1-7）。

图1-1-1　前举

图1-1-2　前上举

图1-1-3　上举

图1-1-4　侧上举

5

图1-1-5侧平举

6

图1-1-6　侧下举

7

图1-1-7　下举

（3）屈、伸

动作描述：上臂固定，以肘关节为轴，肘关节由弯曲到伸直或由伸直到弯曲。屈臂时肱二头肌收缩，伸臂时肱三头肌收缩。

技术要点：关节有弹性的屈伸。

动作变化：胸前上屈（图1-2-1）、胸前平屈（图1-2-2）、肩侧上屈（图1-2-3）、肩侧下屈（图1-2-4）、肩侧

图1-2-1　胸前上屈

图1-2-2　胸前平屈

图1-2-3　肩侧上屈

图1-2-4　肩侧下屈

图1-2-5　肩侧屈

图1-2-6　腰侧屈

屈（图1-2-5）、腰侧屈（图1-2-6）。

（4）绕、绕环

动作描述：两臂或单臂以肩为轴做弧线运动。上臂固定，前臂以肘关节为轴做弧线运动。

技术要点：路线清晰，起始和结束动作位置明确。

动作变化：两臂或单臂向内、外、前、后绕或绕环。

2.

健美操的基本步伐

健美操基本步伐是组成动作组合的最小单位，在编排动作时我们可以在基本步伐的基础上进行变化，从而形成一个相对复杂的动作组合。根据动作完成形式的不同，可以将其分为交替类、迈步类、点地类和抬腿类和双腿类五类；按动作的冲击力程度可将其分为无冲击力动作、低冲击力动作和高冲击力动作三类，许多低冲击力动作也可转化为高冲击力动作。

（1）交替类

交替类动作为双脚始终依次交替落地的动作，主要有以下几类：

原始动作形式：踏步。

低冲击力形式：走步、漫步（manbo）。

高冲击力形式：跑跳步、后屈腿跑。

（2）迈步类

迈步类动作为一条腿先迈出一步，重心移到这条腿上，另一条腿用脚跟、脚尖点地后再吸腿、屈腿、踢腿等，然后向另一个方向迈步的动作，主要有以下几类：

原始动作形式：侧并步。

低冲击力形式：侧交叉步、迈步吸腿。

高冲击力形式：并步跳、小马跳（pony）、恰恰步。

（3）点地类

点地类动作为一腿屈膝站立，另一腿伸出后，用脚尖或脚跟点地后还原到并腿位置的动作，主要有以下几类：

原始动作形式：点地。

低冲击力形式：脚尖侧点。

（4）抬腿类

抬腿类动作为一腿站立，另一腿抬起的动作，主要有以下几类：

原始动作形式：抬腿。

低冲击力形式：吸腿、后摆腿、踢腿。

高冲击力形式：吸腿跳、后屈腿跳。

（5）双腿类

双腿类动作为双腿站立、身体重心在两腿之间的动作，主要有以下一类：

高冲击力形式：并腿跳。

课外练习与思考：

熟悉并掌握健美操的几种基本手臂动作和基本步伐。

1.

健美操的身体姿态及形体训练

姿态是指人体结构的一种外在表现，是在先天遗传和后天获得的基础上所表现出来的身体姿势和形态上相对稳定的特征。姿态美涵盖了形体美与动作美，是由身体各个部位的配合而呈现出来的外部形态美与动作过程美。形体美是健美操运动员通过相关动作展示健美操运动美的一种最简单、最直接的方法。

健美操把杆形体训练是将健美操的基本练习方法与传统芭蕾把杆的练习方法相融合而成的，具有较强针对性的形体与姿态训练。主要是通过把杆练习，使肩、髋、膝、踝等关节和韧带及全身肌肉得到全面锻炼，从而提高练习者的身体素质、基本技术、姿态控制意识。将健美操练习与把杆形体练习有机结合，有助于提高健美操形体、姿态训练的效果，丰富健美操的训练手段，提高健美操练习者训练的积极性。

（1）站姿（4×8拍）

正确的站立姿势是形成正确优美动作和身体姿态的基础。徒手练习时必须从基本站立姿势开始。蹲，是腿的屈伸练习，主要是练习腿部肌肉的控制能力和柔韧性，使之得到全面均衡的发展，并能训练跟腱的弹性，为弹跳动作打基础。

站姿动作示例如下：

[1] 预备　面对把杆站立（图1–3–1）。

1–2　屈膝半蹲（图1–3–2）。

3–4　屈膝立踵（图1–3–3）。

5–6　直腿提踵（图1–3–4）。

7–8　还原（图1–3–5）。

图1-3-1　站姿（［1］预备）

图1-3-2　站姿（［1］1-2）

图1-3-3　站姿（［1］3-4）

图1-3-4 站姿（［1］5-6）

图1-3-5 站姿（［1］7-8）

［2］ 1-2 左脚点地（图1-3-6）。

3-4 右脚点地（图1-3-7）。

5-6 同1-2（图1-3-8）。

7 右脚旁擦地（图1-3-9）。

8 双脚开立（图1-3-10）。

图1-3-6 站姿（［2］1-2）

2

图1-3-7　站姿（［2］3-4）

3

图1-3-8　站姿（［2］5-6）

4

图1-3-9　站姿（［2］7）

5

图1-3-10　站姿（［2］8）

[3]　1–2　双脚开立，屈膝半蹲（图1–3–11）。

　　　3–4　屈膝立踵（图1–3–12）。　　5–6　直腿提踵（图1–3–13）。

　　　7–8　还原（图1–3–14）。

图1–3–11　站姿（［3］1-2）

图1–3–12　站姿（［3］3-4）

图1–3–13　站姿（［3］5-6）

图1–3–14　站姿（［3］7-8）

[4]　　1–2　右腿屈膝立踵（图1–3–15）。

　　　　3–4　还原成两脚开立（图1–3–16）。

　　　　5–6　同1–2（图1–3–17）。　　7–8　还原（图1–3–18）。

图1–3–15　站姿（［4］1–2）

图1–3–16　站姿（［4］3–4）

图1–3–17　站姿（［4］5–6）

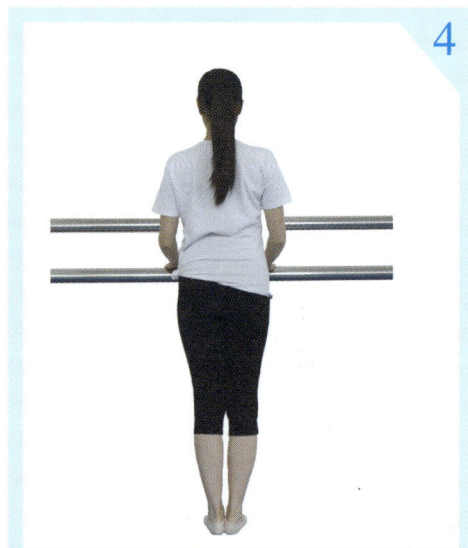

图1–3–18　站姿（［4］7–8）

（2）擦地+小踢（4×8拍）

擦地，是腿部练习中的基本动作，主要训练脚背、踝关节的力量，增强肌肉的控制能力。小踢，是个急速有力的快动作，可以训练出腿速度、腿部肌肉的力量和控制能力。

[1] 预备　左手扶把杆站立，
　　　　右手放于腰后（图1-4-1）。
　　1-2　右脚前擦地（图1-4-2）。
　　3-4　还原（图1-4-3）。
　　5-6　同1-2（图1-4-4）。
　　7-8　同3-4（图1-4-5）。

图1-4-1　擦地+小踢（［1］预备）

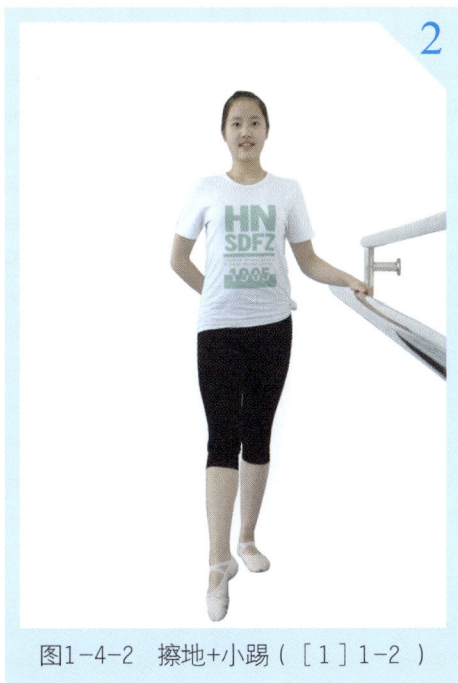

图1-4-2　擦地+小踢（［1］1-2）

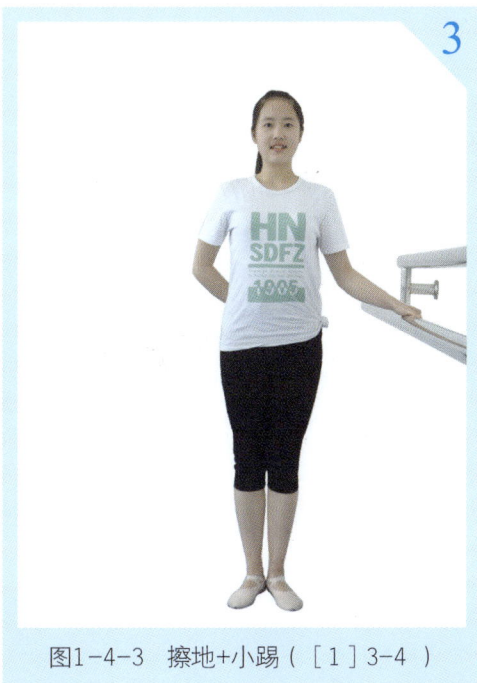

图1-4-3　擦地+小踢（［1］3-4）

图1-4-4 擦地+小踢（［1］5-6）

图1-4-5 擦地+小踢（［1］7-8）

[2]　1-2　右脚前踢至90°（图1-4-6）。　　3-4　还原（图1-4-7）。

　　5-6　同1-2（图1-4-8）。　7-8　还原成双手扶把杆站立（图1-4-9）。

图1-4-6 擦地+小踢（［2］1-2）

图1-4-7 擦地+小踢（［2］3-4）

图1-4-8　擦地+小踢（［2］5-6）

图1-4-9　擦地+小踢（［2］7-8）

[3]　1-2　左腿侧小踢（图1-4-10）。

3-4　还原（图1-4-11）。　5-6　左腿侧踢腿至90°（图1-4-12）。

7-8　还原，右手扶把杆，左手叉腰（图1-4-13）。

图1-4-10　擦地+小踢（［3］1-2）

图1-4-11　擦地+小踢（［3］3-4）

图1-4-12 擦地+小踢（［3］5-6）

图1-4-13 擦地+小踢（［3］7-8）

[4] 1-2 右腿后小踢（图1-4-14）。 3-4 还原（图1-4-15）。

5-6 右腿后踢至90°。（图1-4-16）。

7-8 还原，双手扶把杆（图1-4-17）。

图1-4-14 擦地+小踢（［4］1-2）

图1-4-15 擦地+小踢（［4］3-4）

图1-4-16 擦地+小踢（［4］5-6）

图1-4-17 擦地+小踢（［4］7-8）

（3）小跳点地+吸腿+弓步（4×8拍）

小跳，是专门训练跳的基本能力的练习，包括踝关节推地（脚跟、脚掌快速推地和脚背绷）、整个腿部肌肉和腹肌快速收紧及训练后背肌肉的力量练习。小跳练习还可提高身体的协调性和灵活性。

吸腿以膝关节的力量抬大腿，大腿控制吸腿的高度，并腿时大腿主动下压。吸腿练习主要训练关节的灵活性、小腿的敏捷性及大腿的控制能力。

图1-5-1 小跳点地+吸腿+弓步
（［1］预备）

[1] 预备 左手扶把杆，右手叉腰（图1-5-1）。

1-2 右腿屈膝，左腿后踢腿（图1-5-2）。 3-4 左脚点地（图1-5-3）。

5-6 同1-2（图1-5-4）。 7-8 还原（图1-5-5）。

图1-5-2　小跳点地+吸腿+弓步
（［1］1-2）

图1-5-3　小跳点地+吸腿+弓步
（［1］3-4）

图1-5-4　小跳点地+吸腿+弓步
（［1］5-6）

图1-5-5　小跳点地+吸腿+弓步
（［1］7-8）

[2]　1-2　右脚旁擦地（图1-5-6）。　　　3-4　抬右脚（图1-5-7）。

　　　5　　1-2（同图1-5-8）。　　　　　6　　3-4（同图1-5-7）。

　　　7-8　还原成右手扶把杆，左手叉腰，头向左转（图1-5-9）。

图1-5-6　小跳点地+吸腿+弓步
（［2］1-2）

图1-5-7　小跳点地+吸腿+弓步
（［2］3-4）

图1-5-8　小跳点地+吸腿+弓步
（［2］5）

图1-5-9　小跳点地+吸腿+弓步
（［2］7-8）

[3] 1-2 左手扶把杠，右腿前吸腿，右手叉腰（图1-5-10）。

3-4 左弓步（图1-5-11）。 5-6 同1-2（图1-5-12）。

7-8 还原。左手扶把杆（图1-5-13）。

图1-5-10 小跳点地+吸腿+弓步
（［3］1-2）

图1-5-11 小跳点地+吸腿+弓步
（［3］3-4）

图1-5-12 小跳点地+吸腿+弓步
（［3］5-6）

图1-5-13 小跳点地+吸腿+弓步
（［3］7-8）

[4]　1–2　右腿侧吸腿（图1–5–14）。　　　3–4　左弓步（图1–5–15）。

　　　5–6　同1–2（图1–5–16）。　　　7–8　还原（图1–5–17）。

图1–5–14　小跳点地+吸腿+弓步
（〔4〕1–2）

图1–5–15　小跳点地+吸腿+弓步
（〔4〕3–4）

图1–5–16　小跳点地+吸腿+弓步
（〔4〕5–6）

图1–5–17　小跳点地+吸腿+弓步
（〔4〕7–8）

（4）压腿（4×8拍）

压腿主要是发展腿部的柔韧性，增强腰、腿的肌肉力量，使之有控制力量。

[1] 预备　右腿正压腿，右手上举
　　　（图1-6-1）。

　　 1-2　上身前倾，手触脚尖
　　　（图 1-6-2）。

　　 3-4　还原成预备姿势（图1-6-3）。

　　 5-6　同1-2。

　　 7-8　同3-4。

图1-6-1　压腿（［1］预备 ）

图1-6-2　压腿（［1］1-2 ）

图1-6-3　压腿（［1］3-4 ）

[2] 同 [1]。

[3]　1–2　右腿侧压腿，上身侧倾，左手触右脚尖（图1-6-4）。

　　　3–4　还原上半身（图1-6-5）。

　　　5–6　同1–2。

　　　7–8　同3–4。

图1-6-4　压腿（［3］1–2）

图1-6-5　压腿（［3］3–4）

[4] 同 [3]。

（5）综合训练（4×8拍）

腰部练习不仅可以训练腰部的柔韧性，还可提高其控制能力和灵活性。

动作要求：挺胸收腹，梗头沉肩，紧腰收臀。

[1] 预备　双手扶把杆（图1-7-1）。

1-2　右腿后踢（图1-7-2）。

3-4　右腿前踢（图1-7-3）。

5　　左腿后踢（图1-7-4）。

6　　左腿前踢（图1-7-5）。

7　　同1-2（图1-7-6）。

8　　还原（图1-7-7）。

图1-7-1　综合训练（[1]预备）

图1-7-2　综合训练（[1]1-2）

图1-7-3　综合训练（[1]3-4）

图1-7-4　综合训练（［1］5）

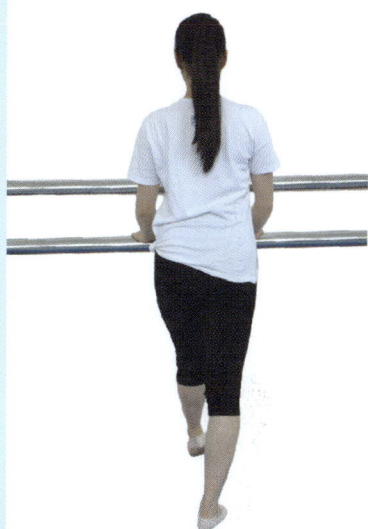

图1-7-5　综合训练（［1］6）

图1-7-6　综合训练（［1］7）

图1-7-7　综合训练（［1］8）

[2]　1-2　左脚点地（图1-7-8）。　　　3-4　右脚点地（图1-7-9）。

　　　5-6　左腿侧开，弯膝，脚尖触右膝，上身侧右倾（图1-7-10）。

　　　7-8　还原成双脚开立（图1-7-11）。

图1-7-8　综合训练（［2］1-2）

图1-7-9　综合训练（［2］3-4）

图1-7-10　综合训练（［2］5-6）

图1-7-11　综合训练（［2］7-8）

[3]　1–2　双脚开立，屈膝半蹲
　　　　　（图1–7–12）。

　　3–4　还原（图1–7–13）。

　　5–6　屈膝半蹲，立踵（图1–7–14）。

　　7　　还原（图1–7–15）

　　8　　背对把杆，双手扶把杆
　　　　　（图1–7–16）。

图1–7–12　综合训练（［3］1–2）

图1–7–13　综合训练（［3］3–4）

图1–7–14　综合训练（［3］5–6）

图1-7-15　综合训练（［3］7）

图1-7-16　综合训练（［3］8）

［4］　　1　　　左腿前吸腿。（图1-7-17）。　　　2　　　还原（图1-7-18）。

　　　　3-4　　上身前倾与地面平行（图1-7-19）。　　5-6　　屈膝低头（图1-7-20）。

　　　　7　　　直立，头后仰（图1-7-21）。　　　　　8　　　还原（图1-7-22）。

图1-7-17　综合训练（［4］1）

图1-7-18　综合训练（［4］2）

图1-7-19　综合训练（〔4〕3-4）

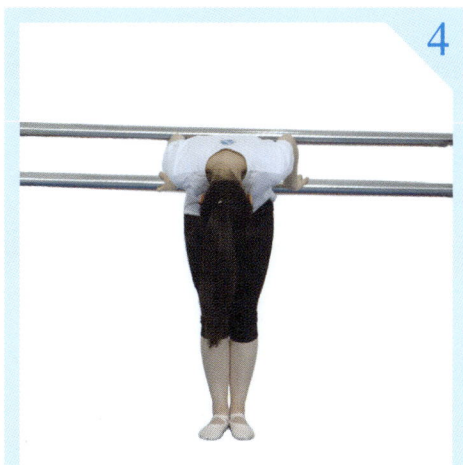

图1-7-20　综合训练（〔4〕5-6）

图1-7-21　综合训练（〔4〕7）

图1-7-22　综合训练（〔4〕8）

课外练习与思考：

熟悉及掌握1~3种形体练习动作。

2.)

健美操的身体素质训练

身体素质是指人的身体具备某种程度的工作或运动能力，是体育运动的重要组成部分。身体素质练习包括力量、速度、耐力、柔韧性、协调性、平衡性等练习，其中力量素质、柔韧性与平衡性素质的训练在健美操专项素质训练中要求比较高。

（1）力量素质

力量素质是指人体在工作时克服阻力的能力。力量素质训练是所有运动项目中不可缺少的重要组成部分，不同的运动项目对力量训练要求不一样。本套动作没有明显的力量类难度，但也应进行基本的简单力量训练。

①上肢力量练习：俯撑、俯卧撑、跪撑、反撑、倒立等。

A.俯卧撑：由前撑开始，身体成一直线完成屈肘动作一次，以前撑结束。在完成动作练习时，要始终梗颈、紧腰、收腹、夹臀，使身体保持一条直线。

动作要领如下：

a.直臂、俯撑、梗颈、夹臂（图1-8-1）。

b.屈臂俯撑，胸离地距离小于10cm（图1-8-2）。

c.还原直臂、俯撑、夹臂（图1-8-3）。

图1-8-1　俯卧撑 a

图1-8-2　俯卧撑 b

图1-8-3　俯卧撑 c

B.**倒立**：要求直臂、顶肩、梗颈、夹腿、夹臀、紧腰、收腹、脚尖上顶。基础训练可采取靠墙倒立姿势进行训练（图1-9-1）。

图1-9-1　倒立

②下肢力量练习。

下肢力量练习主要有单腿蹬伸练习、快速提踵等。

A.单腿蹬伸练习：要求注意固定高度，动作快速完成，有控制力。

动作要领如下：

a.左腿屈膝，右脚踵于踏板上，双臂自然垂于体侧（图1-10-1）。

b.紧腰收腹、两臂举直（图1-10-2）。

c.还原（图1-10-3）。

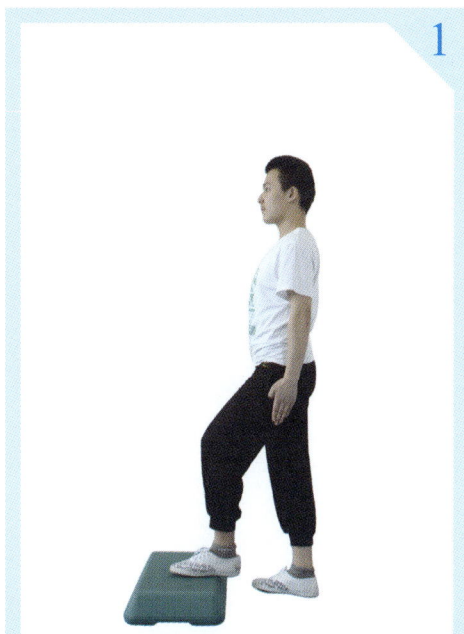

图1-10-1　单腿蹬伸 a

图1-10-2　单腿蹬伸 b

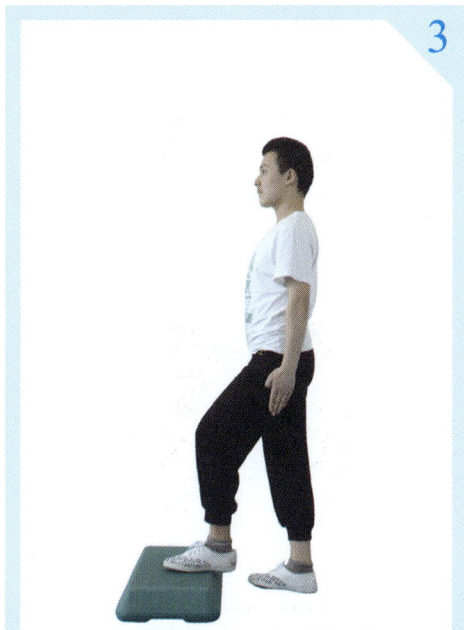

图1-10-3　单腿蹬伸 c

B.**快速提踵：**可采取扶把杆（或墙）提踵或垫高提踵练习。

动作要领如下：

a.脚尖立于垫高物边缘，脚跟自然下沉，双手扶辅助者双肩 （图1-11-1）。

b.快速立踵（图1-11-2）。

c.还原（图1-11-3）。

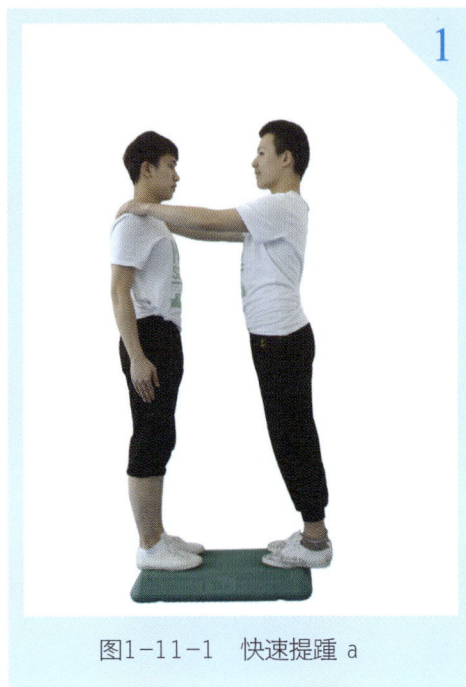

图1-11-1 快速提踵 a

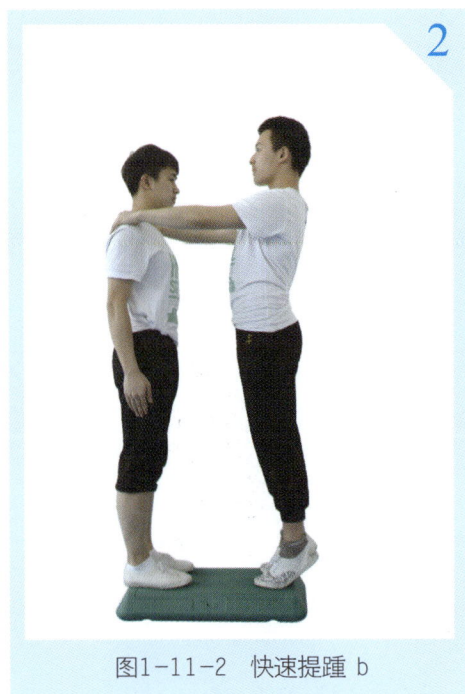

图1-11-2 快速提踵 b

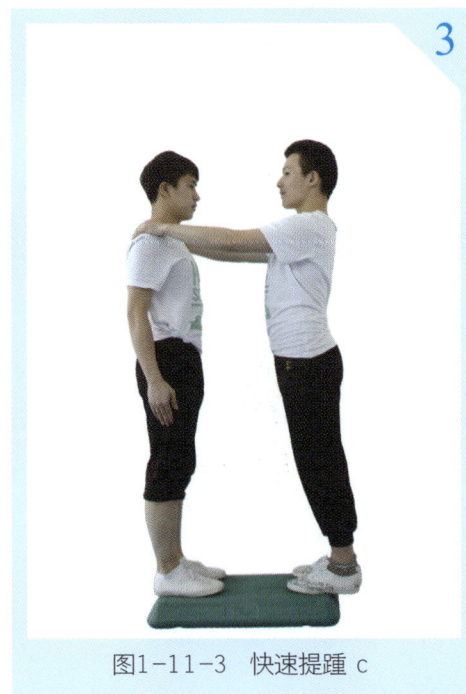

图1-11-3 快速提踵 c

③躯干力量练习。

躯干力量练习主要有仰卧两头起、仰卧团身起、俯卧背伸等。

A.仰卧两头起：

动作要领如下：

a.仰卧并腿，两臂上举（图1-12-1）。

b.收腹、举腿，并腿体前屈（图1-12-2）。

c.还原仰卧姿势（图1-12-3）。

图1-12-1　仰卧两头起 a

图1-12-2　仰卧两头起 b

图1-12-3　仰卧两头起 c

B.仰卧团起身：

动作要领如下：

a.仰卧并腿，两臂上举 （图1-13-1）。

b.收腹、屈膝举腿，并腿体前屈（图1-13-2）。

c.还原仰卧姿势（图1-13-3）。

图1-13-1　仰卧两头起 a

图1-13-2　仰卧两头起 b

图1-13-3　仰卧两头起 c

C.俯卧背伸：

动作要领如下：

a.并腿俯卧在体操垫上，身体与体操垫同一水平线，双手背于颈后或身后（图1-14-1）。

b.尽力上抬上体（图1-14-2）。

c.还原（图1-14-3）。

图1-14-1　俯卧背伸 a

图1-14-2　俯卧背伸 b

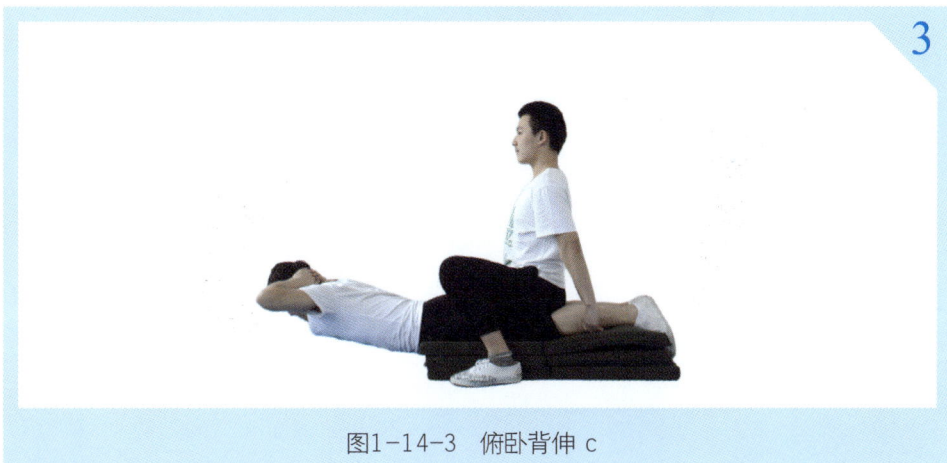

图1-14-3　俯卧背伸 c

④跳跃练习。

跳跃练习主要有并腿纵跳、屈膝交换腿跳、后屈腿跳等。

A.并腿纵跳：要求摆臂迅速，膝踝蹬伸迅速有力。

动作要领如下：

a.屈膝半蹲，双手自然垂于身体两侧（图1-15-1）。

b.紧腰收腹，并腿蹬地带臂起跳（图1-15-2）。

c.落地屈膝踝缓冲（图1-15-3）。

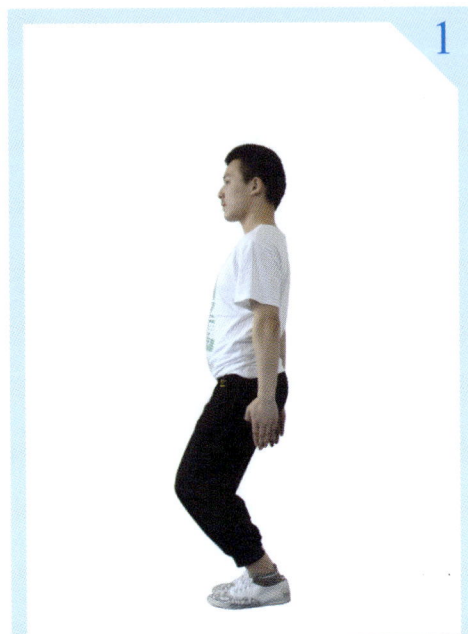

图1-15-1 并腿纵跳 a

图1-15-2 并腿纵跳 b

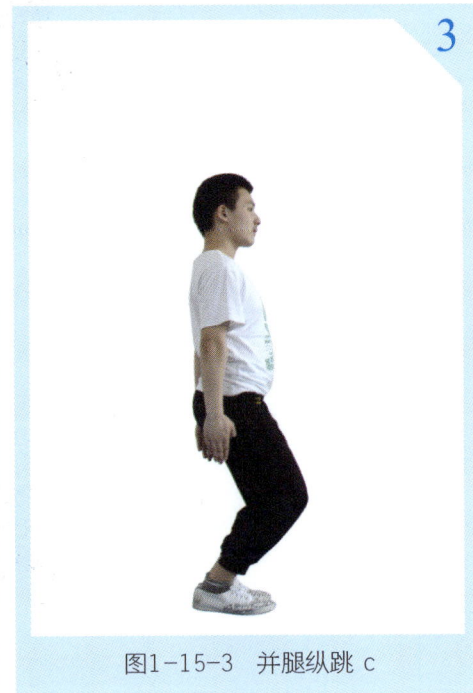

图1-15-3 并腿纵跳 c

B.屈膝交换腿跳：左腿屈膝前摆的同时，右腿蹬地跳起。接着右腿快速屈膝前摆，左腿向下，左脚落地，并稍屈膝缓冲，两臂协调配合进行。

图1-16

动作要领如下：

摆腿换脚跳不要求高度，但要轻巧，蹬、摆协调。屈膝交换腿跳要求蹬地充分、有力，快速摆腿，在空中完成交换动作（图1-16）。

辅助练习：交换举腿，体会正确的姿势。

C.后屈腿跳：空中后屈腿时，两腿并拢，绷脚尖，上体保持正直。

辅助练习：a.跪地直立，双脚并拢（稍往左偏+），脚尖绷直，头向前看或向左看，体会动作；b.原地屈膝立踵，保持身体正直，一手上举，另一手侧举。

动作要领如下：

a.屈膝，手臂于身体前交叉 （图1-17-1）；b.屈腿跳起（图1-17-2）。

图1-17-1　后屈腿跳 a

图1-17-2　后屈腿跳 b

（2）柔韧与平衡素质

柔韧素质是指人体关节活动幅度的大小以及跨过关节韧带、肌腱、肌肉、皮肤及其他组织的弹性和伸展能力。良好的柔韧素质是保证动作完成质量及动作美的重要前提，开展柔韧素质练习的基本方法有动力拉伸法和静力拉伸法，主要针对肩、胸、腰、髋、腿等部位进行柔韧性练习。

①**肩、胸、腰部柔韧性练习。**

肩、胸、腰部柔韧性练习主要手段有压、拉、吊、转环、体转、体前屈、体后屈等。要求：动作幅度尽量大些。如双人正压肩（图1-18-1）、双人反压肩（图1-18-2）、跪坐压肩（图1-18-3）。

图1-18-1　双人正压肩

图1-18-2　双人反压肩

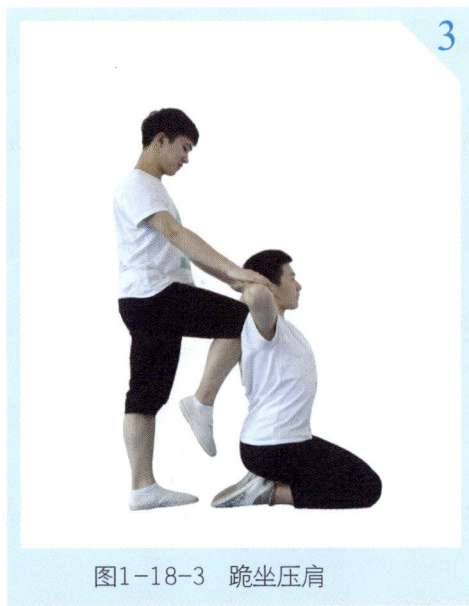

图1-18-3　跪坐压肩

②髋、腿部的柔韧性练习。

髋、腿部的柔韧性练习主要手段有压、搬、踢、控、绕腿、劈叉等。

A.**体前屈**：主要拉伸腰部、髋部和腿部，要求膝盖、脚尖绷直。如并腿体前屈（图1-19-1）、并立体前屈（图1-19-2）、开立体前屈（图1-19-3）。

图1-19-1　并腿体前屈

图1-19-2　并立体前屈

图1-19-3　开立体前屈

B.**压腿**：拉伸大腿的前部、后部、内侧；后压腿有助于拉伸腿部和腰部肌内。 如正压腿（图1-20-1、图1-20-2）、侧压腿（图1-21-1、图1-21-2）、后压腿（图1-22-1、图1-22-2）、分腿跪立拉脚（图1-23）、纵叉（图1-24）。

图1-20-1　正压腿（1）

图1-20-2　正压腿（2）

图1-21-1　侧压腿（1）

图1-21-2 侧压腿（2）

图1-22-1 后压腿（1）

图1-22-2 后压腿（2）

图1-23 分腿跪立拉脚

图1-24 纵叉

C.踢腿：包括大幅度的快速前、侧、后的正踢、绕腿以及体前屈后踢腿练习，可以通过扶把杆踢腿、行进间走步踢腿、原地高踢腿等进行练习。

（3）平衡练习

平衡一般指用单脚支撑，控制身体的重心，做各种动作造型和舞姿，并停顿1~2秒的身体动作。一脚站立（或立踵），另一腿做向后举腿练习。主要有俯平衡与平转练习。

A.俯平衡：右腿向后举至水平，左腿站立，支撑腿充分伸直；同时上体稍前倾，使身体重心保持在支撑面的中心，达到稳定平衡的目的（图1-25）。

辅助练习：a.扶把杆练习单腿站立，另一腿屈膝前（侧、后）举，保持2~3秒不动，左右腿交替进行；b.上体稍向前倾，扶把杆做连续后摆腿练习。

图1-25 俯平衡

B.平转： 要求两腿伸直，立踵，步子不宜太大，上体正直，收腹立腰，重心在两脚掌上互换（图1-26-1~图1-26-4）。

图1-26-1　平转（1）

图1-26-2　平转（2）

图1-26-3　平转（3）

图1-26-4　平转（4）

动作要领：平转时高起踵，两大腿夹紧，步幅小，两脚在一条直线上移动，身体立直，重心在两脚上转换，头部动作（留头、平甩）与转体协调配合，两眼始终注视前方，转体快速、连贯。

课外练习与思考：

每天练习20分钟健美操身体素质练习，并写出周训练计划。

Part 2

提高篇

1.

健美操成套动作的学习方法

（1）完整动作示范法

完整动作示范法是健美操学习中最普遍、最有效的学习方法。通过观看视频或成套示范，向学生提出一些问题，让学生带着问题去观看节目，思考其方法。

（2）分解动作模仿法

学习成套动作时有意识地培养学生自学模仿的能力，要求学生观看视频或成套示范后，尽量能模仿出基本的动作，再通过老师的教学，尽快掌握相关动作。

（3）累进学习法

在健美操学习中，每学习一个动作或组合后，与前面的动作或组合连接起来进行练习，叫累进学习法。在教学过程中，学生通过累进教学法，有意识地记忆学过的动作以及与新动作的衔接，培养自己的逻辑思维能力、表现力和独立完成动作的能力。

（4）自主合作学习法

学习健美操成套动作时要加强与同伴之间的合作与交流，通过自由组合的形式组成小组，让学生在小组中互帮互学，在合作中获得提高。

2.

健美操成套动作的练习方法

（1）分解动作练习法

在练习时，成套动作学习之前的分解动作练习很重要，它要求学生身体姿态正确，每个分解动作都能做到准确到位，同时要求动作熟练、流畅连贯。如有明显停顿或动作不熟练，要对该动作反复练习，注重动作的准确性和熟练性。

（2）完整动作练习法

在进行完整动作练习时，学生应在音乐的伴奏下，运用健美操的弹动、控制等方法将成套动作展现得更为生动，并通过音乐将动作的力度、幅度、速度、姿态造型的变化表现得更加完美。完整动作练习法强调成套动作和音乐的完美结合。

（3）重复交替练习法

重复交替练习法，是指在教学过程中，根据学生的实际情况，将学生分成若干小组进行重复交替练习的方法。通过高密度、高强度的重复交臂练习，不仅能提高学生掌握成套动作的能力，还能增强学生主动参与的能力与体能的提升。

（4）合作探究练习法

学完成套动作后，每次课可利用10~20分钟的时间让学生自由组合分小组练习，通过练习，加强同学之间的相互交流，并共同创编动作和队形。教师要有目的地对各小组进行指导和督促，了解小组学习中遇到的问题并加以解决，对各小组的表演进行及时点评，以此激发学生的学习兴趣，提高学生的自信心，提升学生的表现力，培养学生的合作、创新能力。

课外练习与思考：

熟悉及掌握学练健美操的方法。

3.

健美操自编成套动作示例

组合示例一：（4×8拍）

［1］ 1　左脚向前跑跳步，两臂侧平举（图2-1-1）。

　　　2　右脚向前跑跳步，两臂上举头顶击掌（图2-1-2）。

　　3-4　同1-2。

　　5-6　同1-2。

　　7-8　同1-2。

图2-1-1　组合示例一（［1］1）

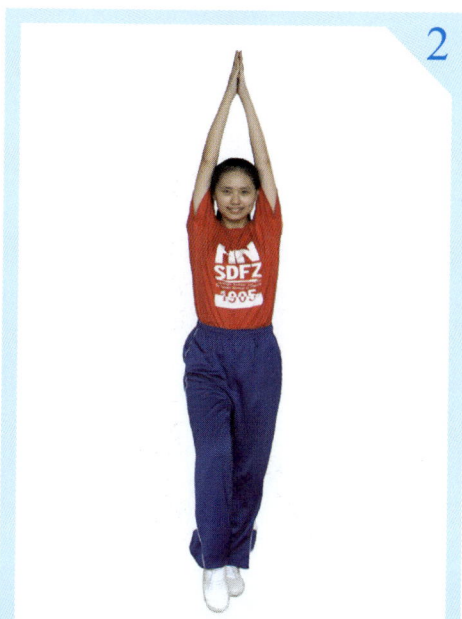

图2-1-2　组合示例一（［1］2）

［2］1-2　右脚向右前方一步，重心前移至右脚，同时两臂直臂立掌由下经前至前上举（图2-1-3）。

　　3-4　重心后移同时转体90°成侧弓步，两臂侧平举，身体稍右侧屈，使两臂与地面形成约45°角（图2-1-4）。

　　5-6　下肢、躯干动作还原成1-2拍，两臂前下方交叉（图2-1-5）。

　　7-8　向左转体180°至两腿交叉屈膝半蹲，两臂后斜下举（图2-1-6）。

图2-1-3　组合示例一（［2］1-2）

图2-1-4　组合示例一（［2］3-4）

图2-1-5　组合示例一（［2］5-6）

图2-1-6 组合示例一（［2］7-8）

［3］1-4 左脚向后跑跳步，前后摆臂（图2-1-7）。

5-6 两脚并拢向上踵跳，两臂前斜下举掌心朝上，屈肘两次（图2-1-8）。

7-8 同5-6拍。

图2-1-7 组合示例一（［3］1-4）

图2-1-8 组合示例一（［3］5-6）

[4] 1　　两脚跳起成开立，向右顶髋，手握拳，两臂侧平举（图2–1–9）。

　　　　2　　右腿屈膝内扣，顶左髋，手握拳，右臂胸前屈，左臂侧平举（图2–1–10）。

　　　　3　　手握拳，右臂经胸前绕至左边与左臂平行（图2–1–11）。

　　　　4　　右臂经胸前绕至侧平举还原为动作1（图2–1–12）。

　　　　5　　收左腿，两腿屈膝半蹲，右臂屈肘向上成肩上侧屈，左臂屈肘向下成侧屈（图2–1–13）。

　　　哒　　同5，但方向相反（图2–1–14）。

　　　　6　　右臂向上冲拳，左臂屈肘向下拉（图2–1–15）。

　　　7–8　同5–6，但方向相反。

　　　　　（组合一建议自己创编）

图2–1–9　组合示例一（［4］1）

图2–1–10　组合示例一（［4］2）

图2-1-11　组合示例一（［4］3）

图2-1-12　组合示例一（［4］4）

图2-1-13　组合示例一（［4］5）

图2-1-14　组合示例一（［4］哒）

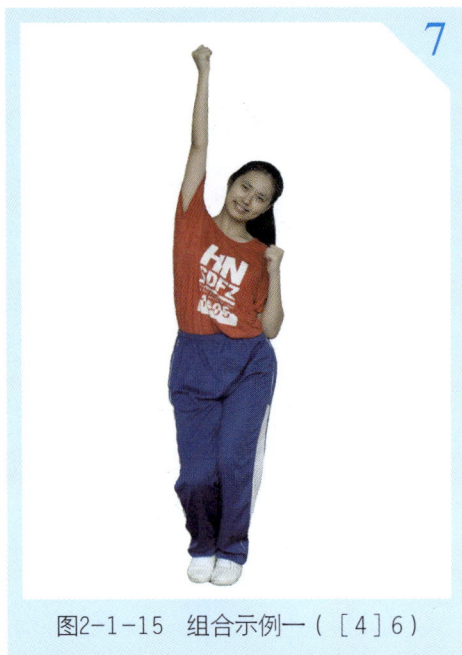

图2-1-15　组合示例一（［4］6）

组合示例二：（4×8拍）

［1］1-3　左脚向前跑跳步，前后摆臂（图2-2-1）。

4　吸右腿，两臂上举，掌心向下（图2-2-2）。

5　右脚向右一步成开立，同时两臂侧下举（图2-2-3）。

6　左脚向右后一步，屈膝，两臂经内向外屈肘绕环一周，打响指，低头（图2-2-4）。

7　抬头（图2-2-5）。

8　保持不动。

图2-2-1　组合示例二（［1］1-3）

图2-2-2　组合示例二（［1］4）

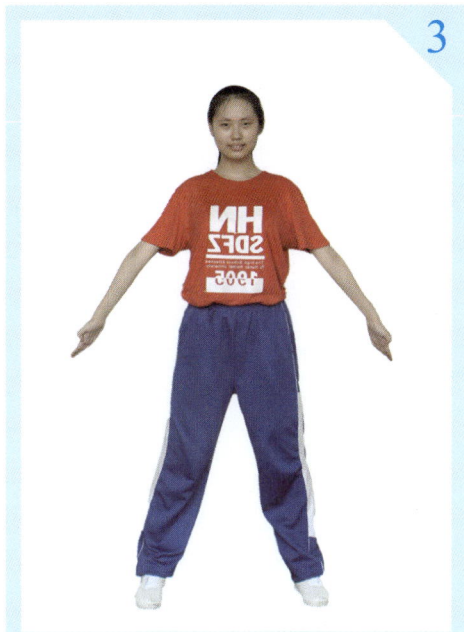

图2-2-3　组合示例二（［1］5）

图2-2-4　组合示例二（［1］6）

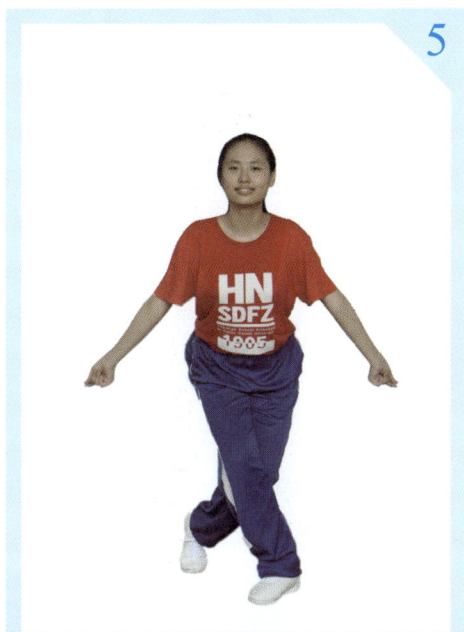

图2-2-5　组合示例二（［1］7）

［2］1 左脚向左一步，两臂上举（图2-2-6）。

2 右脚向左后交叉，两臂下举，掌心朝外（图2-2-7）。

3 同第1拍。

4 收右脚成脚尖点地，两臂下举，掌心朝外（图2-2-8）。

5 右脚向右后退一步，左脚脚尖侧点地，右肩经前向后绕环（图2-2-9）。

6 左脚并右脚，左脚脚尖点地（图2-2-9）。

7 左脚向后退一步，右腿脚尖侧点地，左臂经前向后绕环（图2-2-10）。

8 右脚并左脚，右脚脚尖点地，左臂绕至体侧（图2-2-10）。

图2-2-6 组合示例二（［2］1）

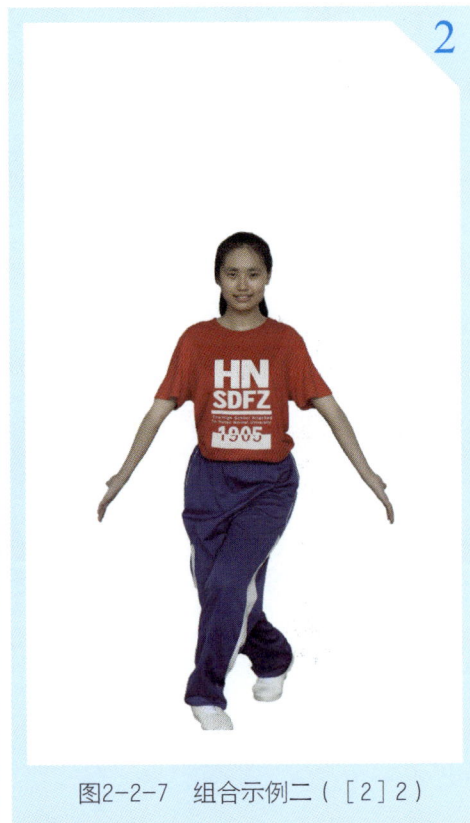

图2-2-7 组合示例二（［2］2）

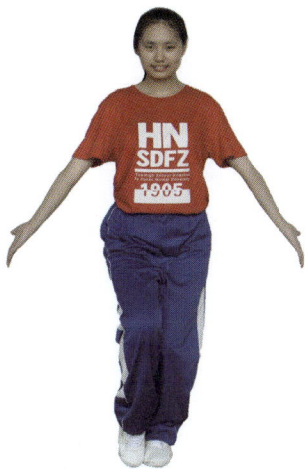

图2-2-8　组合示例二（［2］4）

图2-2-9　组合示例二（［2］5）

图2-2-10　组合示例二（［2］6）

图2-2-10　组合示例二（［2］7）

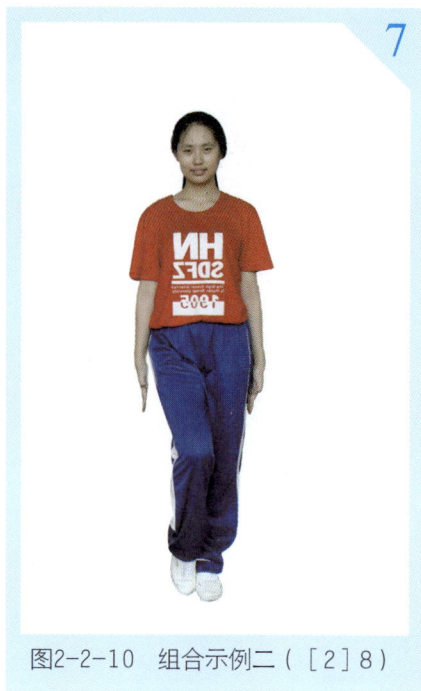

图2-2-10 组合示例二（［2］8）

［3］
1　右脚向后退一步，两手放体侧（图2-2-11）。

2　退左脚；胸前击掌（图2-2-12）。

3　退右脚，双手互握上举（图2-2-13）。

4　退左脚，两臂自然下落（图2-2-14）。

5-6　右脚向左漫步，左脚屈膝后踢，右臂屈于腹部处，左臂屈于后腰处（图2-2-15）。

7-8　右脚向右侧弓步，右臂侧上举，左臂侧下举（图2-2-16）。

图2-2-11　组合示例二（［3］1）

图2-2-12　组合示例二（［3］2）

图2-2-13 组合示例二（［3］3）

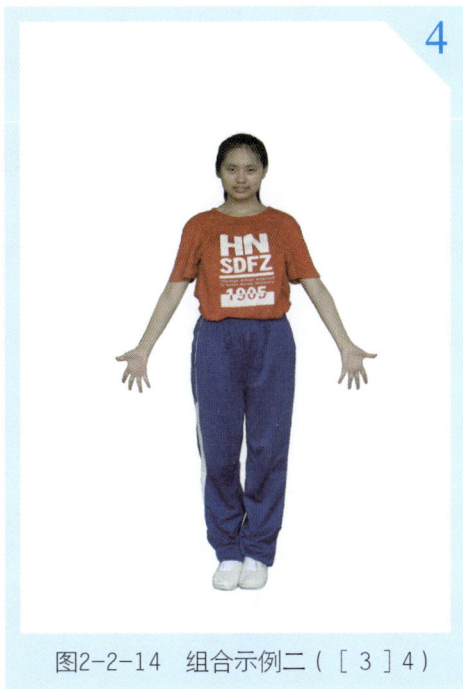

图2-2-14 组合示例二（［3］4）

图2-2-15 组合示例二（［3］5-6）

图2-2-16 组合示例二（［3］7-8）

［4］1-2 左脚向右漫步，右脚屈膝 后
踢，两臂屈，手指触肩，经前
向后绕环一周（图2-2-17）。

3-4 左脚向后漫步，两臂经前 向
后绕环一周（图2-2-18）。

5 左脚向左一步，左臂前平 举
立掌，右手叉腰（图2-2-19）。

6 向左转体180°；手臂经体前至
侧平举（图2-2-20）。

7-8 左腿直立，右腿屈膝侧点地，
两臂胸前交叉（图2-2-21）。

图2-2-17 组合示例二
（［4］1-2）

图2-2-18 组合示例二（［4］3-4）

图2-2-19 组合示例二（［4］5）

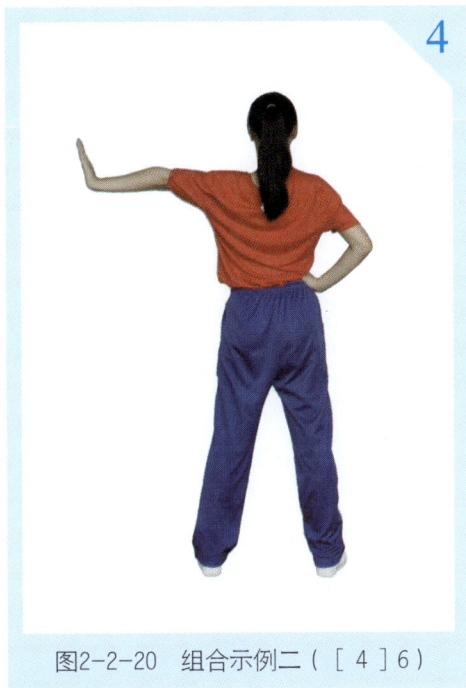

图2-2-20 组合示例二（［4］6）

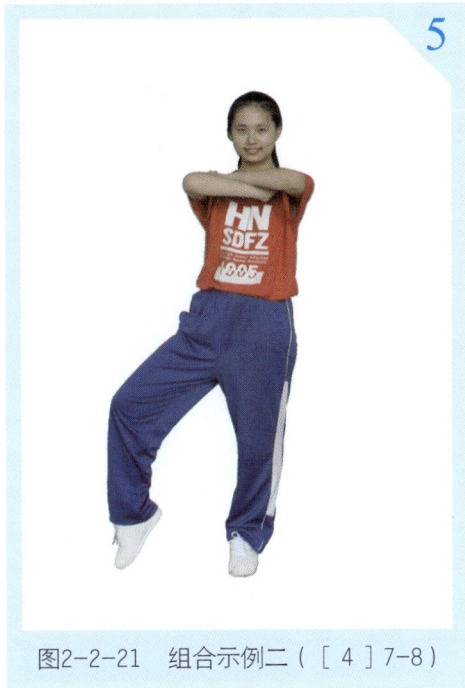

图2-2-21 组合示例二（［4］7-8）

组合示例三：（4×8拍）

［1］1-2 右脚向右并步，两臂侧平举（图2-3-1）。

3 左脚向右前点地，右臂胸前平屈，左臂侧后举（图2-3-2）。

4 左腿后摆点地，左臂胸前平屈，右臂后下举（图2-3-3）。

5 转体180°成左弓步，右臂向前出拳，左臂抱拳于腰间（图2-3-4）。

6 右腿向前弹踢腿，左手向前冲拳，收右臂抱拳于腰间（图2-3-5）。

7 退右脚（图2-3-6）。

8 退左脚，两腿交叉屈膝，左臂经内向外绕环一周至下举（图2-3-7）。

图2-3-1　组合示例三（［1］1-2）

图2-3-2　组合示例三（［1］3）

图2-3-3　组合示例二（［1］4）

图2-3-4　组合示例三（［1］5）

图2-3-5　组合示例三（［1］6）

图2-3-6　组合示例三（［1］7）

图2-3-7　组合示例三（［1］8）

［2］1–2　向左侧恰恰步，右臂胸前
　　　　屈，左臂侧后举（图2-3-8）。

　　　3–4　动作与1–2相同，方向相反。

　　　5–6　左脚向左成左弓步，两臂经上
　　　　举至体侧（图2-3-9）。

　　　7–8　收左脚，右手敬礼（图2-3-10）。

图2-3-8　组合示例三（［2］1–2）

图2-3-9　组合示例三（［2］5–6）

图2-3-10　组合示例三（［2］7–8）

[3] 1–2 　吸右腿，两臂胸前屈肘
　　　　　　（图2–3–11）。

3–4 　向左转身吸左腿，两臂侧
　　　　平举（图2–3–12）。

5–6 　右脚向前一步，右臂胸前
　　　　上屈（图2–3–13）。

7 　踢左腿，两臂下举
　　　　（图2–3–14）。

8 　开立，两臂放至体侧
　　　　（图2–3–15）。

图2–3–11　组合示例三（［ 3 ］1–2）

图2–3–12　组合示例三（［ 3 ］3–4）

图2–3–13　组合示例三（［ 3 ］5–6）

图2-3-14　组合示例三（［3］7）

图2-3-15　组合示例三（［3］8）

［4］1-2　右臂经体侧上举，开掌（图2-3-16）。

　　　3-4　右臂经上举落至下举（图2-3-17）。

　　　5-6　上体向左转，右手向左击掌（图2-3-18）。

　　　7-8　右手握拳，左臂侧下举（图2-3-19）。

图2-3-16 组合示例三（［4］1-2）

图2-3-17 组合示例三（［4］3-4）

图2-3-18 组合示例三（［4］5-6）

图2-3-19 组合示例三（［4］7-8）

组合示例四：（4×8拍）

[1] 1-2　左脚向左平转360°（图2-4-1）。

3-4　右脚侧点地，身体左转90°，右臂胸前平屈（图2-4-2）。

5-6　面向左侧，左膝微屈，右脚后平伸，左臂前举，右臂后举俯平衡（图2-4-3）。

7-8　收右腿呈屈膝位，右脚点地，两臂至体前（图2-4-4）。

图2-4-1　组合示例四（[1]1-2）

图2-4-2　组合示例四（[1]3-4）

图2-4-3　组合示例四（[1]5-6）

图2-4-4　组合示例四（[1]7-8）

〔2〕1–2　右手上举，右脚向右一步，左脚并右脚，同时转体180°至两腿

　　　　屈膝，左脚点地，两臂从右至左依次绕至下举（图2-4-5）。

　3　　1位手型，左腿向斜前方一步（图2-4-6）。

　4–6　小猫跳，手臂经1位手至3位手（图2-4-7）。

　7–8　右腿单膝跪地，两臂经上向后绕至体前，手指触地，上体经挺胸
抬头至含胸低头位（图2-4-8）。

1

图2-4-5　组合示例四（〔2〕1-2）

图2-4-6　组合示例四（〔2〕3）

图2-4-7　组合示例四（〔2〕4-6）

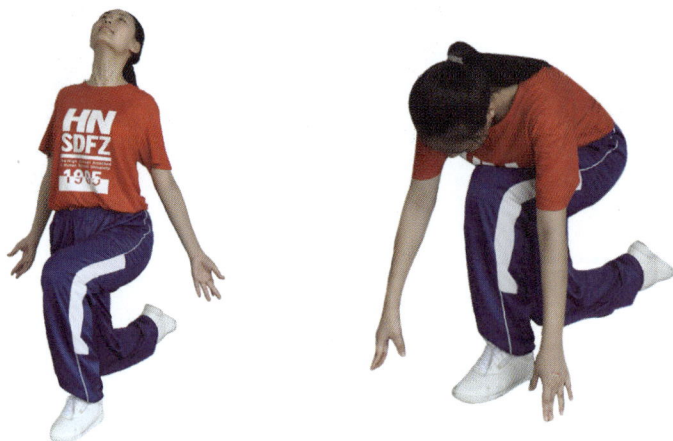

图2-4-8　组合示例四（〔2〕7-8）

［3］1–2　右腿跪立，左脚侧点地，左臂
　　　　上举，右臂侧平举（图2-4-9）。

　　3–4　收左腿成跪坐双膝跪地，身
　　　　体前屈，双手屈肘撑地，低
　　　　头（图2-4-10）。

　　5–6　身体向左翻转180°，两腿
　　　　依次打开，双手向左依次
　　　　撑地（图2-4-11）。

　　7–8　屈左腿，左臀坐地，右腿弯
　　　　曲点地，左臂垂直撑地，右
　　　　臂伸直放于右膝上（图2-4-
　　　　12）。

图2-4-9　组合示例四（［3］1-2）

图2-4-10　组合示例四（［3］3-4）

图2-4-11　组合示例四（［3］5-6）

图2-4-12 组合示例四（［3］7-8）

［4］1-2 右腿向左侧踢腿一次，左肘
撑地，右臂体前撑地
（图2-4-13）。

3-4 直腿坐，双手撑地
（图2-4-14）。

5-6 向后转身成左弓步，右手撑
地（图2-4-15）。

7-8 还原成直立姿势
（图2-4-16）。

图2-4-13 组合示例四（［4］1-2）

图2-4-14　组合示例四（［4］3-4）

图2-4-15　组合示例四（［4］5-6）

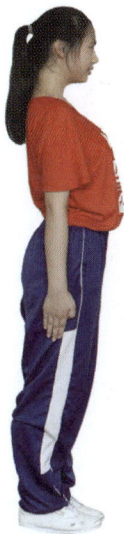

图2-4-16　组合示例四（［4］7-8）

组合示例五：（4×8拍）

［1］1-2　右脚向右一步，双腿屈膝，双掌握拳，双臂胸前平屈，双臂屈肘2次（图2-5-1）。

　　3　　手掌平伸，左脚向左一步（图2-5-2）。

　　4　　两臂于头上伸直，击掌（图2-5-3）。

　　5　　右脚向左前一步，成右脚在前的交叉步（图2-5-4）。

6　转体360°（图2-5-5）。

7　右腿向右成右弓步，右
　　臂侧平举（图2-5-6）。

8　收右臂，肩上侧屈
　　（图2-5-7）。

图2-5-1　组合示例五（［1］1-2）

图2-5-2　组合示例五（［1］3）

图2-5-3　组合示例四（［1］4）

图2-5-4　组合示例五（［1］5）

图2-5-5　组合示例五（［1］6）

图2-5-6　组合示例五（［1］7）

图2-5-7　组合示例五（［1］8）

[2] 1-2　左脚向右漫步，右臂屈于头

后，左臂屈于腹部(图2-5-8)。

3　　退左脚，右脚后踢，双臂胸前

平屈（图2-5-9）。

4　　右脚落地，左脚后踢，双臂经平

屈向外绕至体侧(图2-5-10)。

5　　左脚向前一步，两臂侧平

举（图2-5-11）。

6　　右脚并左脚屈膝，两臂胸

前交叉（图2-5-12）。

7-8　屈腿跳，左臂侧平举，

右臂上举（图2-5-13）。

图2-5-8　组合示例五
（［2］1-2）

图2-5-9　组合示例五（［2］3）

图2-5-10　组合示例五（［2］4）

图2-5-11　组合示例五（[2]5）

图2-5-12　组合示例五（[2]）

图2-5-13　组合示例五（[2]7-8）

[3] 1-2　左腿向左一步，双腿弯膝，双臂胸前平屈，双臂屈肘2次（图2-5-14）。

3　　右脚向右一步转体180°，两臂放至体侧（图2-5-15）。

4　　左脚并右脚地点，两臂胸前交叉（图2-5-16）。

5-6　右脚开始的左右脚交替滚动步（图2-5-16）。

7-8　左脚向前迈一步，双手经前至侧下举（图2-5-17）。

图2-5-14 组合示例五（〔3〕1-2）

图2-5-15 组合示例五（〔3〕3）

图2-5-16 组合示例五（〔3〕4）

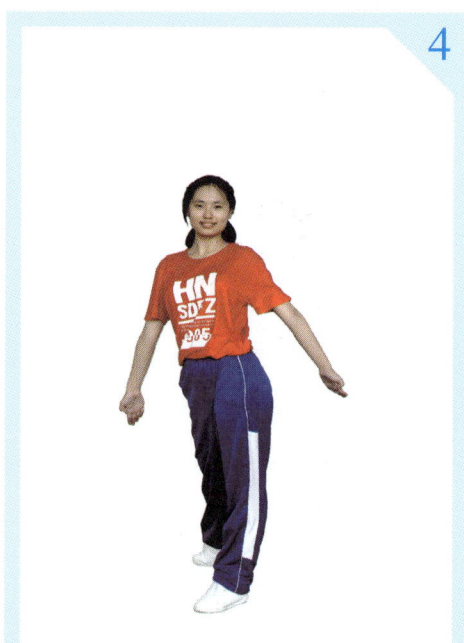

图2-5-17 组合示例五（〔3〕7-8）

[4] 1-3　右脚向右后方退3步，右臂

上举经体前上至体侧

（图2-5-18）。

4　收左脚至点地（图2-5-19）。

5　左腿向左一步，左臂于体

前压掌（图2-5-20）。

6　左臂经体前绕至体侧

（图2-5-21）。

7　右臂上举（图2-5-22）。

8　右腿屈膝向前，左腿屈膝

向左，左臂下垂，右臂胸前

平屈（图2-5-23）。

图2-5-18　组合示例五（［4］1-3）

图2-5-19　组合示例五（［4］4）

图2-5-20　组合示例五（［4］5）

图2-5-21 组合示例五（〔4〕6）

图2-5-22 组合示例五（〔4〕7）

图2-5-23 组合示例五（〔4〕8）

组合示例六：（4×8拍）

〔1〕1 　左脚向左一步，左臂上举（图2-6-1）。

　　2 　收右脚，左手经上举至侧下打响指（图2-6-2）。

　　3 　同1（图2-6-1）。

　　4 　同2（图2-6-2）。

5-6 　向左前方吸右腿（图2-6-3）。

　　7 　退右脚（图2-6-4）。

　　哒 　退左脚（图2-6-5）。

　　8 　右脚向前一步成右弓步（图2-6-6）。

图2-6-1　组合示例六（〔1〕1-2、〔1〕3-4）

图2-6-2　组合示例六（〔1〕1-2、〔1〕3-4）

图2-6-3　组合示例六（〔4〕5-6）

图2-6-4　组合示例六（〔4〕7）

图2-6-5　组合示例六（［1］哒）

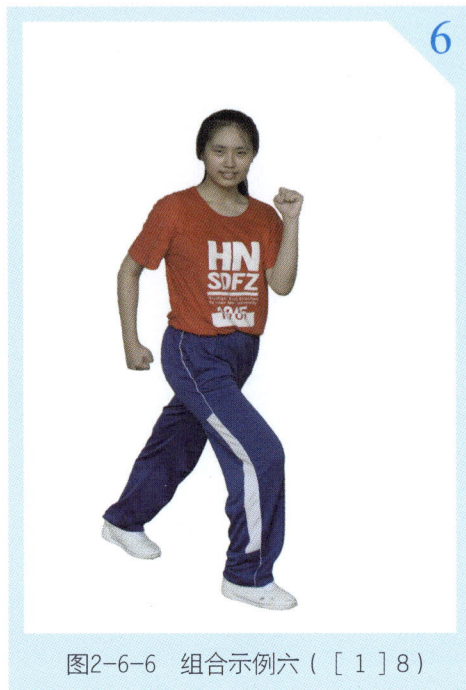

图2-6-6　组合示例六（［1］8）

［2］1　　　左脚向前一步, 右脚并左脚 , 右脚尖点地, 双臂胸前屈, 手指触肩

（图2-6-7）。

2　　　同1, 但方向相反（图2-6-8）。

3　　　左脚向前一步, 右脚并左脚, 右脚尖点地, 两臂经上举至前举, 掌

心朝前（图2-6-9）。

4　　　右脚向前一步, 左脚并右脚, 左脚尖点地, 两臂至体侧（图2-6-10）。

5-8　　向左小马跳转体360°, 左臂侧下举, 右臂侧上举（图2-6-11）。

图2-6-7　组合示例六（［2］1-2）

图2-6-8　组合示例六（［2］2）

图2-6-9　组合示例六（［2］3）

图2-6-10　组合示例六（［2］4）

图2-6-11　组合示例六（［2］5-8）

[3] 1–2　向右并步, 双臂侧平举经体前交叉向上绕至侧平举（图2-6-12）。

3–4　左脚向右后退一步, 双手胸前交叉, 向右偏头（图2-6-13）。

5–6　向左并步, 双臂侧平举经上绕至体前交叉（图2-6-14）。

7–8　右脚向左后退一步, 右臂上举, 左臂侧平举（图2-6-15）

图2-6-12　组合示例六（[3]1-2）

图2-6-13　组合示例六（[3]3-4）

图2-6-14 组合示例六（［3］5-6）

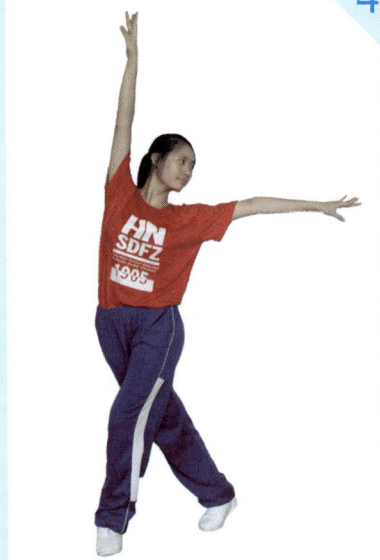

图2-6-15 组合示例六
（［3］7-8）

［4］1 退右脚，两臂屈肘于胸前交叉
（图2-6-16、图2-6-17）。

2 吸左腿，两臂侧下举
（图2-6- 16、图2-6-17）。

3-4 同1-2，方向相反。

5 右腿在前交叉步，两臂侧平举
（图2-6-18）。

6 向左转360°，两臂放至体侧
（图2-6-19）。

7-8 两脚跳开，向右顶髋，右手叉
腰，左臂上举（图2-6-20）。

图2-6-16 组合示例六（［4］1、3）

图2-6-17 组合示例六（［4］2、4）

图2-6-18 组合示例六（［4］5）

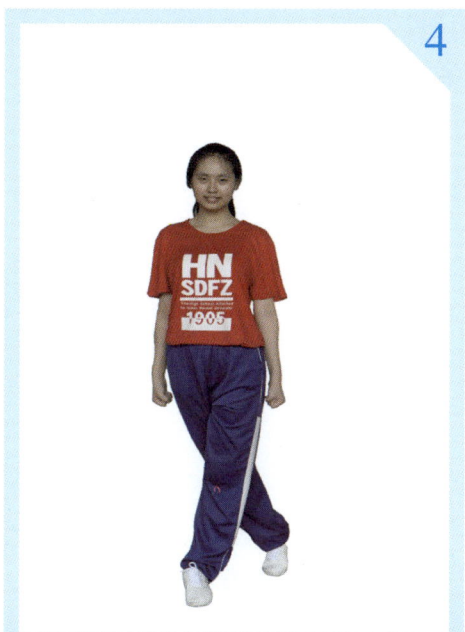

图2-6-19 组合示例六（［4］6）

图2-6-20　组合示例六（〔4〕7-8）

（最后一个八拍建议自己创编）

课外练习与思考：

在音乐伴奏下，能熟练掌握该套动作，并能展示。

1.

健美操动作创编的要素

成套动作中的自主创编部分采取因人而异的原则，针对高中学生不同的性格特征，在创编中一般选择充满青春活力，体现个性特征，富有艺术性和趣味性的动作。在动作创编时男生应体现阳刚之气，可选取幅度大、力度强的动作及跳跃类动作，如搏击、街舞等元素；女生应注意舒展优美且柔中带刚，可多选择些舞蹈动作，如爵士、拉丁等元素，但不宜太复杂。

2.

健美操动作造型创编的原则

（1）创编原则

①塑造外观美原则。

外观美原则中包括动作、音乐、色彩、整体集约与局部强调等要素。外观美的表现特征有整齐、对称、均衡、比例、节奏、对比、和谐等；在编排健美操造型中遵循这些原则，能使健美操具有更鲜明的美学特征，有利于提高编排的艺术效果。

②呈现内涵美原则。

造型创编成功能给成套动作的主题起到画龙点睛的作用，同时个性化的造型既能体现运动员的个性，又能增加健美操的艺术魅力。

（2）创编示例

①单人造型。

单人造型有低姿造型（图2-7-1）、中姿造型（图2-7-2）、高姿造型（图2-7-3、图2-7-4）等。

图2-7-1　低姿造型

图2-7-2　中姿造型

图2-7-3　高姿造型

图2-7-4　高姿造型

②多人造型。

多人造型有同向形造型（图2-8-1）、中心形造型（图2-8-2）等。

图2-8-1　同向形造型

图2-8-2　中心形造型

3.

健美操自编成套动作创编原则及示例

创编原则

丰富多彩和巧妙流畅的队形变化令健美操的表演更具观赏性，而且对于同一套动作设计不同队形会产生不同的效果。一个好的队形设计需要考虑以下几个原则：①构图清晰；②丰富新颖；③对比鲜明；④变化流畅；⑤显示动作。

队形设计示例：

（1）6人队形（图2-9、图2-10）：

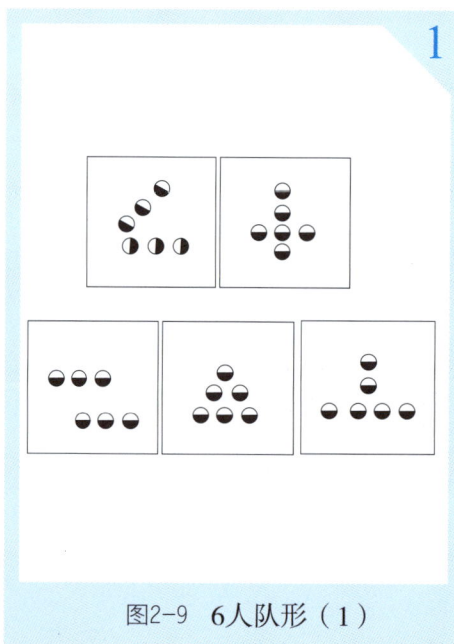

图2-9　6人队形（1）

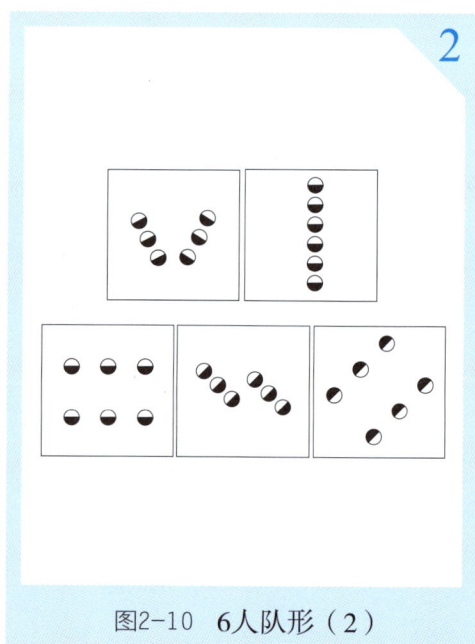

图2-10　6人队形（2）

（2）8人队形（图2-11、图2-12）：

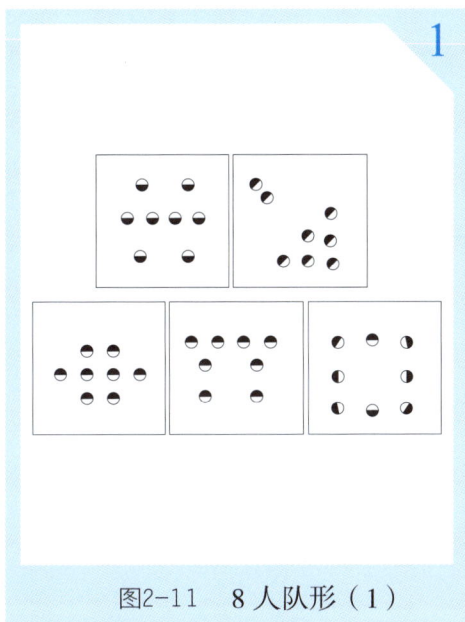

图2-11　8人队形（1）

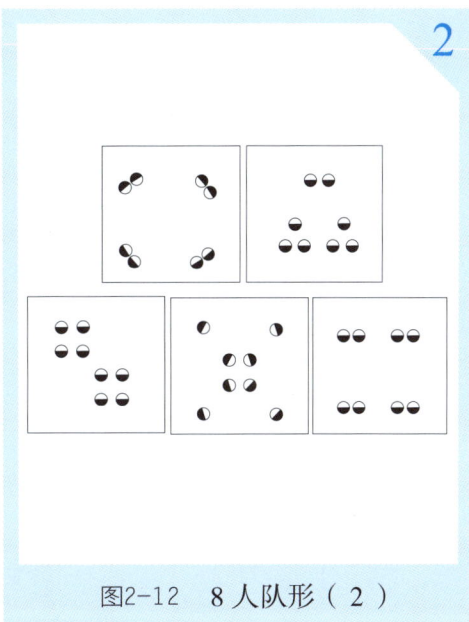

图2-12　8人队形（2）

（3）队形变化路线示例（图2-13、图2-14）：

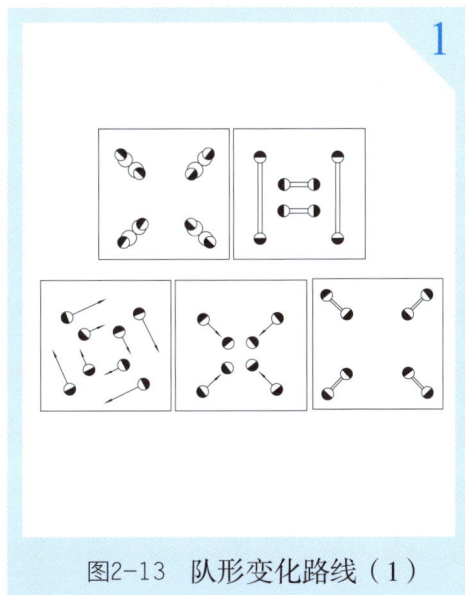

图2-13　队形变化路线（1）

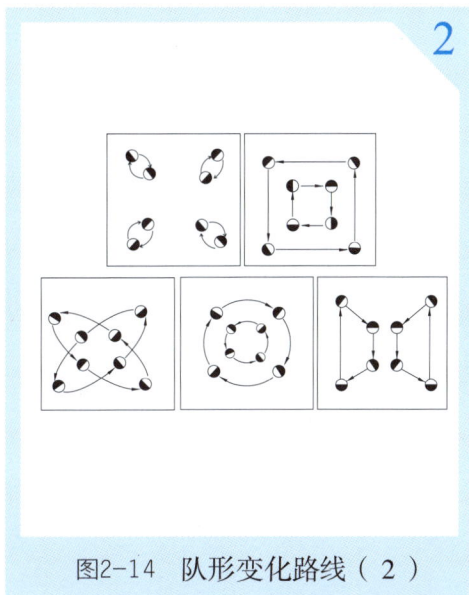

图2-14　队形变化路线（2）

尝试进行健美操动作与队形的创编。

三 | 健美操考核评价

1.

组织形式

①学生按学习小组或自行结伴（5~8人）进行展示。

②各组必须有开头4个八拍和结尾造型的创编。

③展示过程中全套操至少要有3次以上的队形变化，队形变化由自己创编。

④每组选派2人担任评委，根据评分标准进行评分（不评自己组），当场示分。统分前去掉一个最高分和一个最低分，取其平均分数即为该展示组最后得分。

2.

评分标准

①姿态和表现力。

a.姿态要优美，并能体现个体的精神面貌。

b.动作要展示生活激情，体现一种健康向上的情绪。

c.提倡具有个人风格的表现方法。

②动作的完成。

a.成套动作的完成要连贯流畅。

b.完成有难度的动作时要尽量达到难度要求的标准。

c.动作范围要适当。

③节奏感。

a.所有动作要充分表现音乐情绪。

b.动作和音乐节奏要配合协调。

c.一连串动作的节奏要准确，且基本符合要求即为通过考核。

④创新性。

 a.动作的创编要新颖，符合中学生的特点。

b.造型的创编既要遵循创编原则，又要各具特色。

具体评分标准：

等级（分数）	动作完成度
优秀（90~100分）	能够很好地掌握动作要领，姿态优美，动作美观、流畅，且动作的完成比较到位，编排具有创新性，富有节奏感，允许有1~2个小动作的轻微失误。
良好（75~89分）	能熟练掌握健美套路，动作美观，姿态优美，富有节奏感，但表现力稍差，动作完成较好，难度的完成有待加强，创新能力稍有欠缺，允许有3~4个动作失误。
及格（60~74分）	能基本完成动作，动作流畅，节奏感一般，姿态一般，表现力一般，且在创编上稍有欠缺。小错误动作为4~5次。
不及格（60分以下）	不能独立掌握健美操动作，动作不协调，姿态不规范，动作与音乐节奏不一致，缺乏创新。